TIME
FOR KIDS

CIUDADES
salvajes

T0136629

Timothy J. Bradley

Consultores

Dr. Timothy Rasinski
Kent State University

Lori Oczkus
Consultora de alfabetización

Tejdeep Kochhar
Maestro de biología de
enseñanza preparatoria

Basado en textos extraídos de
TIME For Kids. *TIME For Kids* y el logotipo
de *TIME For Kids* son marcas registradas
de TIME Inc. Utilizados bajo licencia.

Créditos de publicación

Dona Herweck Rice, *Jefa de redacción*
Lee Aucoin, *Directora creativa*
Jamey Acosta, *Editora principal*
Lexa Hoang, *Diseñadora*
Stephanie Reid, *Editora de fotografía*
Rane Anderson, *Autora colaboradora*
Rachelle Cracchiolo, *M.S.Ed.*,
    Editora comercial

Créditos de imágenes: pag.25 (abajo),
pag.38 (derecha), pag.39 (abajo) Getty
Images; pags.10–11, 22, 35, 48 Timothy J.
Bradley; pags.16-17, Courtney Patterson;
pag.35 (arriba) iStockphoto; pag.34
EPA/Newscom; pags.15, 18–19 (abajo),
pags.32–33 Photo Researchers, Inc.; otras
imágenes Shutterstock.

Teacher Created Materials

5301 Oceanus Drive
Huntington Beach, CA 92649-1030
http://www.tcmpub.com
ISBN 978-1-4333-7056-4
© 2013 Teacher Created Materials, Inc.

TABLA DE CONTENIDO

CIUDADES DE LA NATURALEZA

Una ciudad es un lugar donde vive mucha gente junta. Las ciudades tienen todo lo que los humanos necesitan para el trabajo, el ocio y la supervivencia. Y las ciudades pueden ser lugares muy divertidos donde vivir.

Los humanos no son los únicos animales que construyen ciudades. Algunos animales viven en grandes comunidades semejantes a las ciudades humanas. Los animales que viven en grupo pueden velar los unos por los otros. Pueden emitir sonidos de alerta cuando hay peligro. Es más fácil encontrar comida y cuidado para las crías cuando hay ayuda.

En las acogedoras **conejeras**, las concurridas colmenas y los **hormigueros** rebosantes de acción, los animales viven en grupo. El mundo está repleto de ciudades salvajes.

Las mangostas viven en grupo.

La ciudad de Nueva York es la ciudad humana más grande de los Estados Unidos. Más de 8 millones de personas viven en ella.

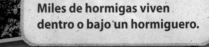

Miles de hormigas viven dentro o bajo un hormiguero.

PARA PENSAR

- ¿En qué manera crees que las comunidades de animales son como las ciudades de los humanos?
- ¿Cuáles son, a tu parecer, las ventajas de vivir en una ciudad?
- ¿Como podemos aprender de la manera en que los animales construyen sus ciudades?

CIUDADES DE INSECTOS

Algunos insectos viven juntos en grupos. Miles de hormigas comparten un solo hormiguero. Miles de avispas pueden vivir en un solo avispero. Juntos, pueden encontrar comida. En grandes cantidades, pueden defender la **colonia** contra ataques.

Los insectos que viven en grupo se llaman **eusociales**. Los insectos eusociales han **evolucionado** para construir ciudades complejas. Los ancestros de estos insectos que vivían en soledad se extinguieron fácilmente. Los que trabajaban juntos vivían más tiempo. Para las hormigas, las avispas y las termitas, vivir en grupo significa sobrevivir.

abejas protegiendo su colmena

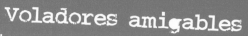

Voladores amigables

Solamente un dos por ciento de los insectos es eusocial. Pero las poblaciones de estos insectos son muy grandes. Estos insectos conforman la mayoría del total de insectos.

hormigas
abejas
avispas
termitas

Trepando las unas encima de las otras, las hormigas trabajan juntas para formar un puente entre dos hojas.

Conceptos básicos sobre los insectos

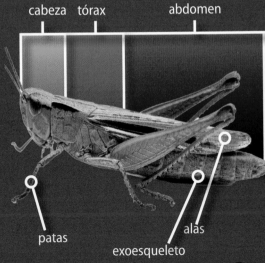

cabeza   tórax   abdomen

Un insecto es un tipo de **artrópodo**. Los insectos tienen un **exoesqueleto**, un cuerpo segmentado y patas articuladas. Sus cuerpos están divididos en tres partes: cabeza, tórax y abdomen. Tienen alas y tres pares de patas.

patas

alas

exoesqueleto

DENTRO DE LA COLMENA

Las abejas construyen ciudades en forma de colmenas. Una colmena es donde las abejas producen miel y crían a sus crías.

Las abejas trabajadoras salen de la colmena para buscar flores y recolectar **polen** y néctar. Traen el polen y el néctar a la colmena. Es entonces cuando se convierte el néctar en miel. Las **larvas** de abeja comen la miel. Las abejas trabajadoras hacen un baile para indicar a las otras abejas dónde pueden encontrar las flores.

Los panales dentro de la colmena están compuestos de **celdas** de seis paredes. Las abejas se comen la miel. Transforman el azúcar en cera. Las abejas muerden los copos de la cera hasta que se suavizan. Entonces las abejas utilizan la cera para construir más celdas en la colmena.

una abeja recolectando néctar

Construir sin un plan

Los **instintos** son actos que los animales nacen sabiendo realizar. Los instintos llevan a cazar. Los instintos llevan a un animal a encontrar una pareja. Los instintos llevan a insectos minúsculos a construir un hogar grande para ellos.

Un enorme termitero

Algunos tipos de abeja viven solos. Estas abejas solitarias no viven tanto tiempo como las abejas que viven en grupos.

Problema de colapso de colonias

Imagina que vives en una gran ciudad. ¿Como te sentirías si supieras que la mayoría de la gente hubiera desaparecido? Suena a una especie de historia de terror. Pero esto es lo que les está ocurriendo a los enjambres de abejas de todo el mundo. Las abejas trabajadoras están desapareciendo de las colmenas y estas no funcionan sin ellas. Los científicos siguen perplejos por estas desapariciones, a las que llaman *Problema de colapso de colonias*.

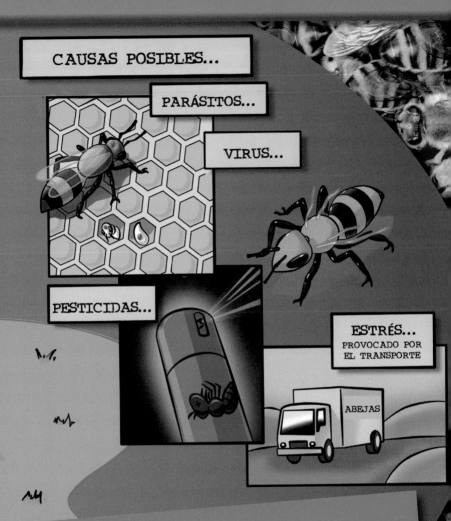

CAUSAS POSIBLES...

PARÁSITOS...

VIRUS...

PESTICIDAS...

ESTRÉS...
PROVOCADO POR
EL TRANSPORTE

ABEJAS

División del trabajo

En una ciudad, todos los integrantes tienen un papel. Una colonia de abejas está dividida en varios tipos distintos de abejas. La reina es la abeja más importante de la colonia. Pone los huevos que se convertirán en abejas trabajadoras. Las trabajadoras cuidan a las larvas y alimentan a la reina. Los **zánganos** son las abejas macho. Se aparean con la reina. En otoño, los zánganos son expulsados de la colmena y mueren.

EL NIDO DEL AVISPÓN

Los avispones son insectos eusociales. En un solo nido pueden vivir hasta 700 avispones. Trabajan juntos para que haya suficiente comida para todos. Los avispones también trabajan juntos para proteger al nido.

Para crear el nuevo nido, la reina encuentra un lugar seguro. Muerde la corteza de los árboles para ablandarla. La corteza mordida se utiliza para construir las celdas de seis paredes. Estas celdas son la base del nido. La reina pone un huevo en cada celda. Cuando nacen las larvas, crecen para convertirse en adultas. Como adultos ayudan a construir el siguiente nido.

A los jardineros les gusta ver avispones en su jardín. Los avispones mantienen alejados a los insectos dañinos para las cosechas.

un avispón comiéndose a una oruga

Los avispones son un tipo de avispa. A la avispa se la conoce por ser la primera creadora del papel. Cuando la corteza está lo suficientemente masticada como para crear el nido, parece papel gris.

Suena la alarma

Los avispones son muy protectores con sus nidos. Los avispones pican a su presa y a cualquier criatura que amenace a la colmena.

13

DENTRO DE UN HORMIGUERO

Las hormigas son eusociales. Miles trabajan para construir hormigueros subterráneos en la tierra. Su trabajo provoca mucha arena suelta. Las hormigas quitan la arena. La apilan fuera de agujero de entrada, lo que crea una pequeña colina, llamada entrada de *hormiguero*.

Las hormigas se dividen el trabajo de la colonia. Hay un trabajo para cada tipo de hormiga. Las hormigas trabajadoras buscan comida y excavan túneles. Las hormigas soldado protegen la colonia frente a ataques. Puede haber varias hormigas reina en un nido. Estas hormigas ponen huevos y contribuyen a que la colonia crezca.

hormigas soldado

Hormigas antiguas

Las hormigas aparecieron por primera vez en la Tierra durante el **período cretácico**, hace más de cien millones de años. Desde entonces, las hormigas han colonizado casi hasta el último rincón de la Tierra.

Miles de hormigas se siguen las unas a las otras hacia nuevas fuentes de comida.

Súper colonias

Con frecuencia se pueden observar colonias de hormigas atacándose entre sí. Sin embargo, algunas colonias de hormigas trabajan juntas y forman una inmensa **súper colonia**. Las súper colonias han sido observadas en muchos lugares de todo el mundo. ¡Una súper colonia en Europa mide casi 4,000 millas!

Olores inteligentes

¿Sabías que los insectos pueden hablar los unos con los otros? No lo hacen con palabras. Lo hacen con el olor. Los insectos utilizan **feromonas** o productos químicos para comunicarse los unos con los otros. Cada feromona tiene un olor y un significado diferentes. Observa estas distintas formas en que los insectos se comunican.

Suena la alarma

Los insectos utilizan los olores para advertir a los demás sobre un peligro cercano.

Perdido y encontrado

Las hormigas utilizan un olor especial para guiar a otras hormigas hacia la comida y de vuelta al hormiguero. Es como dejar un camino de migas de pan para que nadie se pierda.

¡Oye! ¡Huele esto!

Yuju!
Algunas feromonas se utilizan para atraer a los machos o a las presas.

Lista de cosas por hacer
Algunas feromonas comunican las tareas que se tienen que hacer, como el aseo de la reina.

Recogida de basura
Los insectos pueden utilizar feromonas para encontrar otro insecto muerto que necesite ser apartado de la colonia.

GUERRAS DE HORMIGAS

A diferencia de otras hormigas, las hormigas soldado no construyen nidos. A lo largo del día, forman largas filas mientras buscan comida. Trabajan juntas para capturar y matar lo que se interponga en su camino. Las hormigas soldado utilizan sus fuertes mandíbulas y aguijones para matar a sus presas. Un grupo grande de hormigas puede derribar a un animal tan grande como una pequeña lagartija. Por la noche hacen un "nido" con sus cuerpos. Enganchan sus patas para formar un enorme **campamento**.

hormigas soldado portando su presa

Lo mismo, pero distinto

La mayoría de las hormigas construyen hormigueros subterráneos. Gastan mucho tiempo y energía excavando y cuidando del hormiguero. Pero las hormigas soldado se juntan para formar sus campamentos. Esto ahorra energía.

Balsa viviente

Las hormigas soldado pueden cruzar el agua uniéndose las unas con las otras para formar una balsa. Algunas hormigas se ahogan, pero millones en la colonia sobrevivirán.

19

CIUDADES DE MAMÍFEROS

Los **mamíferos** son unas de las criaturas más impresionantes de la Tierra. Son **vertebrados**. Esto significa que tienen columna vertebral. Los mamíferos también tienen una temperatura corporal estable. Esto les permite vivir en lugares muy fríos y muy calientes. Los mamíferos viven en el océano y en cada continente.

Muchos mamíferos viven en ciudades. Criaturas como los conejos y las mangostas viven en grandes grupos. ¡Los humanos también! Vivir en grupo ayuda a los mamíferos a mantenerse a salvo de los depredadores. Sus ciudades les proporcionan cobijo cuando el clima no es bueno. Y son lugares acogedores donde criar a los pequeños.

Conceptos básicos sobre los mamíferos

Los mamíferos son vertebrados de sangre caliente. Alimentan a sus crías con leche y su piel suele estar cubierta de pelo. Los humanos, los ratones y las ballenas son mamíferos.

No todos los animales viven en ciudades. Algunos animales, incluidos los tigres adultos sin cachorros, viven solos.

LÍNEA DEL TIEMPO: EL SURGIMIENTO DE LAS CIUDADES

Hace 400 millones de años
Las primeras plantas evolucionaron en la Tierra. Llegaron los primeros insectos.

Hace 100 millones de años
Las hormigas comienzan a construir los túneles de las ciudades subterráneas.

Hace 200 millones de años
Los mamíferos comienzan a competir con los dinosaurios.

Hace 300 millones de años
Los reptiles comenzaron a dominar la vida en la Tierra.

Hace aproximadamente 4000 millones de años
La vida en la Tierra comienza en el mar.

Hoy

Hay más habitantes en Seúl, Corea del Sur, que en ninguna otra ciudad. Es el hogar de más de 10 millones de personas.

Hace 100,000 años

Aparecieron los humanos actuales.

Hace 8,000 años

Surgieron las primeras ciudades de humanos.

Hace 23 millones de años

Los mamíferos se hicieron más complejos.

Hace 40 millones de años

Los conejos comenzaron a construir ciudades subterráneas.

¡ALTO! PIENSA...

Mira la línea del tiempo. ¿Cuándo ocurrieron los cambios de forma más rápida?

¿Por qué crees que tardaron tanto los humanos en desarrollar ciudades?

¿Qué crees que ocurrirá después?

23

GUARIDAS ACOGEDORAS

Algunos conejos viven en madrigueras. Estos conejos utilizan la hierba para construir sus madrigueras. Construyen sus hogares en lugares con mucha comida y buenos huecos donde esconderse.

Otros conejos viven en **madrigueras** subterráneas. Estos hogares mantienen a los conejos a salvo de los depredadores. Varias madrigueras pueden estar interconectadas por túneles para formar una conejera. Muchos conejos crían a sus recién nacidos en las conejeras.

Con su gran apetito, los conejos pueden causar problemas para los granjeros. Como las conejeras están bajo tierra, son difíciles de controlar para los hombres.

Los conejos jóvenes están escondidos en una madriguera de hojas.

Hasta 20 conejos pueden vivir en una conejera.

La vida bajo tierra

Los conejos construyen túneles subterráneos para mantenerse secos y a salvo. Los humanos construyen túneles bajo las grandes ciudades para hacer más fácil el viajar de un lugar a otro.

MANSIÓN DE MANGOSTAS

Las mangostas son pequeños mamíferos que viven en África. Viven en grupos de 25. Las mangostas pueden excavar en la arena de forma muy rápida. Trabajando juntas, construyen colonias subterráneas. Estas están conectadas por túneles. Durante el día, las mangostas cazan. Comen insectos y serpientes. Las mangostas trabajan en grupo para cuidar de los más jóvenes y encontrar comida.

La colonia también trabaja en grupo para defenderse de los depredadores. Pasan mucho tiempo sobre la tierra. Pero pueden esconderse bajo tierra en cuanto se sienten amenazados. El **centinela** se encarga de vigilar por si existe peligro. Cuando el centinela advierte algún peligro, emite un ladrido agudo. Esto advierte a las demás mangostas. El centinela es el primero en salir de la madriguera. Informa a los demás que es seguro volver a salir.

Un centinela se mantiene erguido vigilando por si existe algún peligro.

Quién es quién

Cada colonia de mangostas está compuesta de mangostas con diferentes funciones.

Estas dos mangostas controlan a las demás.

Macho alfa

Hembra alfa

Machos y hembras beta

La mayoría de las mangostas son betas y siguen a los alfas. Cuando tienen tres años, se marchan e intentan comenzar una nueva colonia.

Cachorros

Niñeras

Centinela

Las jóvenes mangostas son cachorros durante 10 meses. Viven bajo tierra para protegerse.

Las niñeras cuidan a los cachorros mientras los demás adultos buscan comida.

El centinela vigila por si hay algún peligro y avisa a los demás de cuándo es seguro volver a los túneles.

Ciudades en movimiento

Muchos animales viven en grupos, pero no todos estos animales construyen ciudades. Muchos animales viajan en manadas. Una manada protege a los animales cuando viajan para encontrar comida y agua. Los adultos pueden liderar grandes números de jóvenes hacia nuevos lugares.

Algunas manadas **emigran** recorriendo grandes distancias, volviendo al mismo lugar cada año para encontrar recursos. Más de 10,000 millones de langostas emigran en un solo **enjambre**. Miles de millones de pájaros emigran juntos cada año. Los mamíferos como las ovejas, cebras, leones y elefantes viajan todos en grupos.

atún de aleta azul

charrán ártico

mariposa monarca

ñu

aguja colipinta

Trotamundos

Sabes cuando ves a un grupo de aves que se le llama *bandada de pájaros*. Pero ¿cómo se le llama a un grupo de leones? Observa estos grupos de animales para ver cuántos de ellos ya conoces.

ejército de hormigas

colonia de mariposas

cardumen de peces

jauría de perros

manada de leones

ratonera

ostrero

madriguera de puercoespines

nudo de serpientes

CIUDADES EN MINIATURA

Incluso las más pequeñas criaturas pueden vivir en ciudades. Imagina una ciudad de cieno. Es posible que no percibamos habitualmente a tan pequeños **organismos**. Pero cuando se juntan, pueden crear hogares enormes que no pasan desapercibidos a nuestros ojos. Estos organismos **microscópicos** viven juntos en grupos que hacen que sea más fácil conseguir alimento y mantenerse con vida. Ninguno de estos organismos tiene cerebro. Pero pueden trabajar juntos. Entonces, actúan como un único organismo, mucho más inteligente.

moho sobre madera

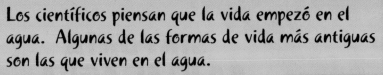

Los científicos piensan que la vida empezó en el agua. Algunas de las formas de vida más antiguas son las que viven en el agua.

coral

¿Qué es un microbio?

La palabra *microbio* es una combinación de dos palabras griegas. *Micro* describe a cosas muy pequeñas. *Bio* significa *vida*. Entre los microbios se encuentran las bacterias, los virus, los hongos y algunas algas. Es un término que engloba a todas las formas de vida que solo pueden ser vistas bajo un microscopio.

Los champiñones son una variante de los hongos.

SINFONÍA BAJO EL AGUA

La langosta pistola es una langosta marrón y blanca. Crea su hogar en las marismas y en las aguas turbias. Las langostas viven juntas en colonias de entre 30 y 100 individuos. Todas las langostas pistola son prácticamente ciegas. Juntas, excavan agujeros en la arena y el barro para esconderse de los depredadores.

Las langostas pistola tienen dos pinzas. Una es pequeña y picuda. La otra es más gruesa y tiene forma de guante de boxeo. La langosta caza a la presa con su pinza más larga. Cuando la pinza se dispara, en el agua se forma una burbuja. La burbuja estalla. Esto provoca un fuerte crujido. Cuando una gran cantidad de langostas lanzan sus pinzas a la vez, ¡provoca uno de los sonidos más fuertes del océano! Las langostas utilizan el sonido para comunicarse y defender la colonia.

langosta pistola

Compañeros de habitación

Muchas langostas pistola comparten sus hogares con peces gobio. Esto es una relación **simbiótica**, lo que significa que ambas especies se benefician. La langosta construye el hogar. El pez gobio tiene mejor visión y vigila si hay peligro. El pez gobio tiembla para advertir a la langosta sobre un peligro.

El sonido que provoca la langosta aturde a su presa. Entonces, la langosta puede seccionar al animal y comérselo.

EJÉRCITO DE HOMBRES

Con sus largos **tentáculos**, la medusa carabela portuguesa parece una medusa corriente. Pero no son medusas. Ni siquiera son animales individuales. Una medusa carabela portuguesa es un grupo de animales minúsculos que trabajan juntos para sobrevivir. La medusa carabela portuguesa está compuesta de cuatro tipos de **pólipos**. Un pólipo relleno de gas funciona como la vela de un barco. Esto ayuda a la medusa carabela a moverse. Bajo el agua, algunos pólipos pican a los atacantes y defienden a la colonia. Hay pólipos que crean nuevos pólipos. También hay pólipos que se ocupan del alimento. Desmenuzan la comida capturada por los pólipos que pican.

una medusa carabela portuguesa arrastrada por el agua en una playa

Sorpresa picante

Tocar una medusa carabela portuguesa es muy doloroso. Si estás en la playa, procura evitar estas criaturas. Pueden ser peligrosas durante semanas después de haber muerto en la playa. Si te pica alguna, ¡acude al médico inmediatamente!

Barco de pesca vivo

La "vela" rellena de gas de la medusa carabela la mantiene en la superficie del agua. La vela se puede desinflar cuando la medusa carabela necesita sumergirse en el agua para evitar un ataque.

El pólipo relleno de gas ayuda a mover a la colonia.

El pólipo reproductivo crea nuevos pólipos.

Los pólipos encargados de alimentar digieren la comida.

Los pólipos punzantes capturan la comida para la colonia.

CIUDAD DE CORAL

Los corales de piedra son organismos diminutos que viven en los océanos de todo el mundo. El coral atrapa microbios y peces pequeños con sus tentáculos punzantes. Cada coral es muy pequeño. Pero viven juntos en enormes grupos.

Los corales de piedra son de color claro. Con algas, crean un exoesqueleto duro para protegerse. Las algas aportan colores brillantes al exoesqueleto. Una colonia de coral puede crecer durante miles de años. Las personas viajan por todo el mundo para admirar estas impresionantes estructuras.

Los corales viven en océanos de todo el mundo y se pueden encontrar en profundidades de hasta 20,000 pies.

Ciudad exoesqueleto

Los arrecifes de coral se pueden expandir a lo largo de varias millas. La Gran barrera de coral frente a la costa de Australia se extiende sobre unas 133,000 millas cuadradas. Es una de las siete maravillas naturales del mundo.

Ciudades en peligro

Los corales son muy sensibles a los cambios medioambientales. Debido a que la actividad humana está calentando la Tierra, los corales podrían no sobrevivir a los cambios. Magníficos arrecifes de coral de todo el mundo están en peligro de extinción.

CIUDADES DE CIENO

Imagina un charco naranja de cieno. Puede no parecerlo, pero estos organismos diminutos forman una ciudad de cieno. El moho del fango es una colonia **protista**. Se ven tal y como suenan, ¡como una montaña de cieno! El fango es grueso como la avena. Puede tener colores muy brillantes. Algunos son amarillo o rosa brillante. El moho del fango se encuentra a menudo sobre el terreno en bosques fríos y húmedos. Se alimentan de microbios que encuentran en plantas muertas. El fango se arrastra por el suelo del bosque hasta que encuentra algo para comer.

El moho del fango está compuesto de criaturas diminutas. Solas, no tienen inteligencia real. Pero cuando forman una colonia, el moho del fango puede hacer cosas interesantes Cuando se corta el moho del fango en varios trozos, estos pueden volver a unirse. Los científicos no comprenden como el moho del fango sabe hacer esto. No tiene ningún tipo de cerebro.

Pregunta al moho del fango

El moho del fango puede no tener cerebro, pero son expertos en encontrar la forma más rápida y corta de viajar entre dos puntos. Los científicos están estudiando al moho del fango para ver si nos pueden enseñar a diseñar y construir mejores sistemas de metro.

El moho del fango se puede encontrar en todo el planeta y de cualquier color.

UN MUNDO SALVAJE

¡Pita! ¡Pita! ¡Apártate! ¡Hay trabajo que hacer aquí! Alrededor del mundo, se están construyendo túneles. Se está almacenando comida. Se están criando los más jóvenes. Y los hogares están siendo protegidos. En el fondo de la tierra y arriba en el cielo, los animales han construido algunas de las ciudades más fascinantes del mundo.

GLOSARIO

artrópodo: un animal con cuerpo dividido en tres partes, miembros articulados y un exoesqueleto

campamento: un refugio temporal formado por una colonia de hormigas soldado en descanso

celdas: pequeños espacios; compartimentos de una colmena

centinela: un guarda o vigía

colonia: un grupo de animales del mismo tipo viviendo juntos

conejeras: comunidades subterráneas de madrigueras unidas por túneles

emigran: pasan de una región a otra de forma regular para alimentarse o aparearse

enjambre: un gran grupo de algo, normalmente en movimiento

eusociales: organismos que viven en grupo como colonia

evolucionado: que ha cambiado a lo largo del tiempo, que se ha adaptado a nuevas condiciones

exoesqueleto: una estructura protectora dura en el exterior del cuerpo

feromonas: químicos que pueden ser olidos por animales y que actúan como una señal para otros animales

hormigueros: pequeñas montañas de tierra o arena que sirven de entrada para colonias de hormigas

instintos: habilidades y respuestas naturales y automáticas

larvas: insectos jóvenes y sin alas, habitualmente con forma de gusano

madrigueras: agujeros o túneles excavados en la tierra por animales para refugiarse

mamíferos: animales vertebrados de sangre caliente

microscópico: que se puede observar únicamente a través de un microscopio

organismos: seres vivos individuales

período cretácico: el período de tiempo entre hace 145 y 56 millones de años

polen: una sustancia amarilla y pulverulenta producida por las plantas para reproducirse

pólipos: pequeños invertebrados; pueden vivir solos o en colonias

Problema de colapso de colonias: una enfermedad misteriosa que provoca que las abejas dejen su colmena

protista: un microrganismo simple

simbiótica: cuando dos tipos de organismos diferentes viven juntos y se benefician los unos de los otros

súper colonia: varias colonias que se juntan y forman una gran colonia

tentáculos: patas o brazos largos y flexibles en un animal, se utilizan para sentir y agarrar

vertebrados: animales que tienen columna vertebral

zánganos: abejas machos

ÍNDICE

BIBLIOGRAFÍA

Carney, Elizabeth. *Great Migrations: Whales, Wildebeests, Butterflies, Elephants, and Other Amazing Animals on the Move.* National Geographic Children's Books, 2010.

Este libro cuenta las historias de muchas migraciones diferentes de animales, desde las ballenas a las mariposas. Cada una muestra la fuerza de los animales y su determinación por sobrevivir.

Markovics, Joyce L. *The Honey Bee's Hive: A Thriving City.* Bearport Pub., 2010.

La colmena de una abeja es un lugar de actividad extrema. En este libro, aprenderás todo sobre como trabajan juntas las abejas en su hogar.

Rhodes, Mary Jo, and David Hall. *Life on a Coral Reef.* Children's Press, 2007.

Explora la vida en un arrecife de coral y aprende acerca del frágil equilibrio entre el clima y la vida salvaje que hace posible la vida en un arrecife.

Robinson, W. Wright. *Animal Architects: How Mammals Build Their Amazing Homes.* Blackbirch Press, 1999.

Los mamíferos construyen hogares para criar a los más jóvenes o vivir en comunidades. Este libro cuenta como construyen sus hogares. Aprenderás acerca de los castores, chimpancés, ardillas, topos, tejones y más.

MÁS PARA EXPLORAR

Bio Kids
http://www.biokids.umich.edu/guides/tracks_and_sign/build

Este sitio web contiene enlaces hacia información sobre muchos de los distintos hogares que construyen los insectos y animales, entre ellos las telarañas, los nidos, las madrigueras y más.

Kidport Reference Library
http://www.kidport.com/reflib/science/animalhomes/animalhomes.htm

Este sitio web contiene enlaces hacia varios tipos de hogares, como cuevas, colmenas, nidos y más y explica qué tipos de animales viven en ellos.

National Geographic for Kids
http://kids.nationalgeographic.com/kids/

El sitio web de *National Geographic* para niños contiene información sobre una gran variedad de vida salvaje, a la vez que fotos y vídeos de paisajes de todo el mundo, además de juegos y otras actividades.

Teacher Tube
http://teachertube.com

Teachertube.com es un sitio web seguro para que los profesores busquen vídeos para usarlos en sus clases como apoyo de cualquier contenido que estés estudiando (animales incluidos).

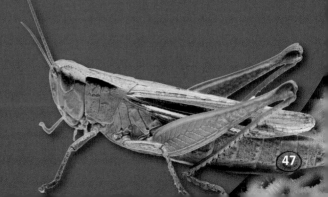

ACERCA DEL AUTOR

Timothy J. Bradley creció cerca de Boston, Massachusetts y pasó todo su tiempo libre dibujando naves espaciales, robots y dinosaurios. Le gustaba tanto que comenzó a escribir e ilustrar libros sobre historia natural y ciencia ficción. Timothy también trabajó como diseñador de juguetes para Hasbro, Inc., diseñando dinosaurios a tamaño natural para exposiciones en museos. A Timothy le encanta observar a los insectos y las cosas maravillosas que pueden construir.

Timothy vive en el soleado sur de California con su esposa e hijo.